¡QUE VIVAN LOS PILOTOS!

por Elle Parkes

BUMBA BOOKS™ en español

EDICIONES LERNER ◆ MINNEAPOLIS

Nota para los educadores:

En todo este libro, usted encontrará preguntas de reflexión crítica. Estas pueden usarse para involucrar a los jóvenes lectores a pensar de forma crítica sobre un tema y a usar el texto y las fotos para ello.

Traducción al español: copyright © 2018 por ediciones Lerner
Título original: *Hooray for Pilots!*
Texto: copyright © 2018 por Lerner Publishing Group, Inc.

La traducción al español fue realizada por Annette Granat.

ediciones Lerner
Una división de Lerner Publishing Group, Inc.
241 First Avenue North
Mineápolis, MN 55401, EE. UU.

Si desea averiguar acerca de niveles de lectura y para obtener más información, favor consultar este título en www.lernerbooks.com

Library of Congress Cataloging-in-Publication Data

The Cataloging-in-Publication Data for *¡Que vivan los pilotos!* is on file at the Library of Congress.
ISBN 978-1-5124-4137-6 (lib. bdg.)
ISBN 978-1-5124-5388-1 (pbk.)
ISBN 978-1-5124-4977-8 (EB pdf)

Fabricado en los Estados Unidos de América
1 – CG – 7/15/17

Tabla de contenido

Pilotos

Los pilotos pilotean aviones.

Ellos llevan a la gente a

diferentes lugares.

Los pilotos se sientan

en la cabina.

Hay muchos botones

y muchas pantallas.

Las pantallas les muestran

a los pilotos dónde pilotear.

7

La mayoría de los pilotos pilotean con un copiloto.

El copiloto y el piloto trabajan juntos.

Ambos controlan el avión.

¿Por qué piensas que los pilotos necesitan a los copilotos?

Los pilotos revisan el estado del

tiempo antes de volar.

Vuelan por una ruta distinta si hay

mal tiempo.

¿Por qué es difícil volar cuando hay mal tiempo?

Los pilotos usan una radio.

Ellos hablan con otros pilotos.

Los pilotos también hablan con los

trabajadores en los aeropuertos.

Ellos averiguan dónde aterrizar.

Los pilotos usan un uniforme.

Usan un sombrero y una chaqueta.

Algunos tienen una insignia con alas.

¿Por qué piensas que los pilotos usan un uniforme?

Los pilotos necesitan
aprender cómo pilotear.
Ellos toman exámenes
y lecciones de vuelo.
Practican cómo pilotear por
muchas horas.

Algunos pilotos trabajan

durante largas horas.

Ellos pilotean muchos

aviones cada semana.

Los pilotos se aseguran de que los viajes en avión sean seguros.

¡Ayudan a la gente a ver el mundo!

Herramientas de los pilotos

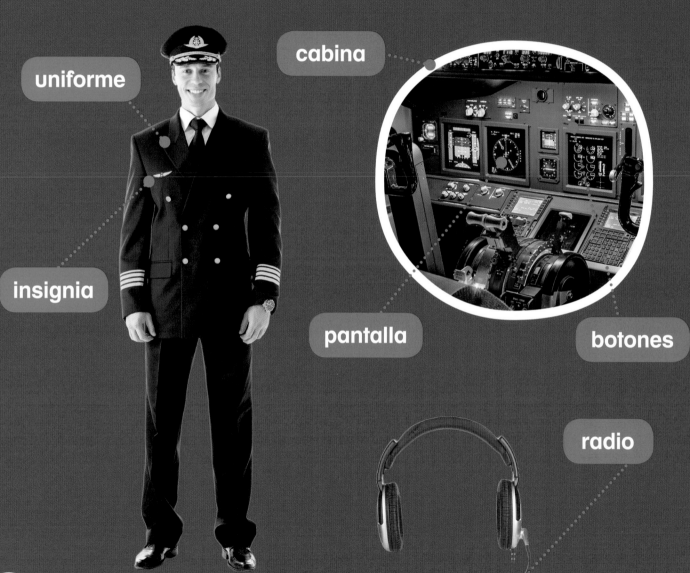

uniforme

cabina

insignia

pantalla

botones

radio

Glosario de las fotografías

cabina

el área de control en la parte delantera del avión

copiloto

la persona que ayuda al piloto

insignia

un objeto pequeño abrochado en la ropa para mostrar quién es alguien

uniforme

un grupo especial de ropa usada para trabajar

23

Leer más

Hicks, Kelli L. *Airplanes.* North Mankato, MN: Rourke Educational Media, 2015.

Minden, Cecilia. *Pilots.* Mankato, MN: The Child's World, 2014.

West, David. *Planes.* Mankato, MN: Smart Apple Media, 2015.

Índice

Crédito fotográfico

Las fotografías en este libro se han usado con la autorización de: © Fuse/Thinkstock, p. 5; © Matus Duda/iStock.com, pp. 6–7, 23 (esquina superior derecha); © Digital Vision/Thinkstock, pp. 8, 18–19, 23 (esquina inferior izquierda); © Marafona/Shutterstock.com, p. 10; © Monika Wisniewska/Shutterstock.com, pp. 13, 16–17; © LuckyImages/Shutterstock.com, pp. 14, 22 (izquierda), 23 (esquina superior izquierda), 23 (esquina inferior derecha); © Henk Badenhorst/iStock.com, p. 21; © Volodymyr Krasyuk/Shutterstock.com, p. 22 (esquina inferior derecha); © View Apart/Shutterstock.com, p. 22 (esquina superior derecha).

Portada: © Monika Wisniewska/Shutterstock.com.